ONDERHANDELINGSSTRATEGIE

en

STIJL

Onderhandelingsstrategie en Stijl

aardig zijn is niet genoeg

S. RAMKHELAWAN

Schrijver: S. Ramkhelawan

Coverontwerp: Createspace

ISBN:9781532919794

Eerste druk © 2016 S. Ramkhelawan

Dit boek draag ik op aan mijn zoon Ben

mijn kleine held in veel opzichten

Voorwoord

Deze pocket editie is bedoeld als parate handvat voor de onderhandelaar. Hierbij merk ik wel op dat u de vaardigheid die u met dit boek wenst te bereiken of het resultaat dat u wilt, alleen kunt bereiken als u regelmatig leest en toepast. Een voorbeeld is, dat u na het behalen van uw rijbewijs alleen een goede bestuurder wordt, door u regelmatig met uw voertuig in verschillende verkeersomstandigheden te begeven. In al de jaren dat ik onderhandelingen heb meegemaakt heb ik nooit gemerkt dat integere mensen hun doelen en overeenkomsten bereikt hebben door "tricks" en "tactieken." In de echte wereld gaan de onderhandelingen fair, direct, oprecht en waardig. U hoeft echt geen doortrapte methoden toe te passen of moeilijk te zijn om succesvol te zijn. Als de andere partij dat door heeft zal hij er niet toegeeflijker op worden.

Heden ten dage zijn medische check-ups gewoon geworden. Onderwerp uzelf aan een "onderhandelings-check" zodat u kunt anticiperen op onverwachte ontwikkelingen of omstandigheden.

Succes, in welk opzicht dan ook, laat sporen na, volg die!

Hoofdstuk 1

Onderhandelingsstrategieën

Ga bij onderhandelen er vanuit dat zaken op continue basis gedaan worden en dat beide partijen in een zekere harmonie met elkaar omgaan. Bij win - win onderhandelen is het een absolute aanrader om tijdens de onderhandelingen de betrokkenen, partners, actief te vragen ideeën aan te dragen ter verbetering van het resultaat. Het is een krachtig signaal aan de andere partij om iets nieuws te doen, te maken of te bedenken. Dit heeft een grote invloed op de aannames van de onderhandelingspartner. Door uw houding laat u mede blijken dat uw aanname er één is om gezamenlijk een succes van (het onderhandelingsproces) te maken. Het uitgangspunt is dat er maar één aanname kan zijn en dat is werken aan een eindresultaat dat door beide partijen gedragen wordt. Straal dat ook uit. Toon empathie nl. door met uw kunde en vaardigheid u in te leven in de gevoelens en omstandigheden van de ander.

Essentiële vragen zijn:

1. Bent u in meer of mindere mate van elkaar afhankelijk voor het verwezenlijken van uw belangen of doelstellingen? Kortom heeft u elkaar nodig.

2. Hebben beide partijen overeenstemming

tussen deze belangen of doelstellingen of is er sprake van verschil?

Aan de hand van deze twee vragen kunt u een viertal basisstrategieën uitzetten. Ik noem ze gemakshalve strategie A, B, C en D.

Strategie A:

Strategie maximaal samenwerken

Bij deze strategie is de onderlinge afhankelijkheid groot. Men werkt samen met elkaar en het niveau van informatie uitwisseling is hoog. Men voorziet elkaar van zo groot mogelijke informatie.

Strategie B:

Strategie optimaal samenwerken

Hierbij is er sprake van grote mate van overeenstemming, zo niet algehele overeenstemming en de onderlinge afhankelijkheid is gering. Men moet streven naar samenwerken. Valkuil kan zijn dat men te veel informatie uitwisselt. Hierdoor kan men in een afhankelijke positie terechtkomen. Wees er voorbereid op. Geef niet meer toe dan u van plan bent.. Een voorbeeld is: "Ik wil met alle genoegen herhalen wat ik net zei......................"

Strategie C:

Strategie vechten

Een strategie waarbij sprake is van tegengestelde doelen, maar er is sprake onderlinge afhankelijkheid. U bent tot elkaar veroordeeld. Doel van de partijen is dat men probeert een overwicht te bereiken zodat men de ander z'n wil kan opleggen. Het gevaar is dat men hierdoor zo gefocust raakt dat het ontaardt in het prisoners game dilemma. Bijvoorbeeld: Twee vrienden plegen een roofoverval en worden door de politie in de kraag gevat. Laten we ze voor het gemak gevangene A en B noemen. Bekent A dan staat hem 4 maanden straf te wachten. Bekent B dan krijgt A 4 jaar gevangenisstraf. Bekennen A en B dan kunnen ze beide tot een forse gevangenisstraf van 6 jaar veroordeeld worden. Bekennen geen van beiden dan krijgen ze een straf van 2 jaar voor bijvoorbeeld verboden wapenbezit.

Strategie D:

Strategie graag of niet

Bij deze strategie neemt men de graag of niet houding aan. Doel is om de andere partij afhankelijk te maken waarbij men de eigen opties open houdt. Is men overtuigd dat men de zaak kan winnen dan kan men overgaan tot vechten. Onderschat het weerstandsvermogen van de ander niet. Als deze zich heftig verzet ontstaat er gauw een pattstelling.

U ziet dat de parallelliteit bij de strategieën A en B groot is, er is sprake van een win-win situatie.

Bij de strategieën C en D is de discrepantie groot, er is sprake van een winnaar - verlies situatie.

Welke strategie kiezen ervaren onderhandelaars? Ervaren onderhandelaars proberen altijd uit de C en D scenario weg te komen en een A - B scenario te kiezen.

Men kan scenario B of D verlaten en naar A - C scenario's gaan. Dit kan bereikt worden door in persoonlijke prestige of tijd, geld inspanningen in de onderhandelingen te investeren.

Hierdoor vervallen andere opties, men raakt gecompromitteerd en kan zich niet meer veroorloven de onderhandelingen af te breken.

De partij die het meest afhankelijk is kan veel hebben aan de volgende aanwijzingen:
- Zorg er voor dat de andere partij veelal dit soort investeringen in het eindresultaat doet
- Bouw een proces van stappen op waarbij de partij steeds verder in de onderhandelingen getrokken wordt
- Zorg er voor dat de eigen tijdslimieten verder liggen dan die van de andere partij. Tijd is de machtigste bondgenoot als men

die heeft, maar ook de grootste vijand als men die niet heeft.

- Schep op het persoonlijke vlak een zo goed mogelijk sfeer, waardoor individuele gebondenheid en afhankelijkheid ontstaat
- Monopoliseer tijd en aandacht van de andere partij

Een tweede mogelijkheid om iemand uit scenario C te halen is zijn aandacht vasthouden zodat hij niet terugglijdt.

Op tactisch niveau kan men het volgende doen:

- Het er voor zorgen dat de ander zijn aspiraties niet verwatert, niet aan kracht inboet of zelfs laat varen
- Het aanmoedigen om samen te werken om zodoende frustraties en vechtgedrag te voorkomen. Door te vragen ideeën aan te dragen ter verbetering van het resultaat. Het is een krachtig signaal aan de andere partij om iets nieuws te doen, te maken of te bedenken.

Overwegingen tijdens de onderhandelingen

1. Probeer achter de werkelijke belangen

van de tegenpartij te komen, die makkelijk te vervullen zijn. Vaak ziet de andere partij sommige belangen niet, het is uw taak hem daarvan bewust te maken.

De paretoregel is: belangen die 80% van de tevredenheid bij de andere partij opleveren tegen tegen slechts 20% van de eigen partij. Vaak worden de doorbraken in een onderhandeling in de laatste fase bereikt. Hier geldt ook de 20/80 regel, dat de laatste 20% van de onderhandelingen 80% van het resultaat oplevert en de eerste 80% van de onderhandelingen 20% van het resultaat oplevert. Het gebeurt zelden dat men al in het begin van de onderhandelingen een doorbraak heeft.

2. Waar het eigenlijk om draait is of de beslissende onderhandelaar aan de andere kant tevreden kan zijn met het resultaat van zijn werk. U draagt daar ook aan bij. Geef hem de persoonlijke waardering en speel positief meer op de man dan op de bal. Onderhandelaars zijn ook mensen en gebruiken tijd om na te denken over hun werk, onderhandelingsresultaten, etcetera.

Door te onderhandelen en te beïnvloeden kunt het verwachtingsniveau van de ander laten dalen, temperen.

Over aspiraties kunt u het volgende zeggen:
- Succes doet het aspratieniveau stijgen,
tegenslagen of verlies doen het dalen
- Grote successen of mislukkingen hebben
meer effect
- Kleine successen hebben een klein effect
en kleine mislukkingen hebben geen effect.
Mensen kunnen dit goed opvangen en een
plaats geven

Practische en tactische aanwijzingen bij
onderhandelingen:

1. Weet wat u wilt. Stel het doel duidelijk,
helder en gedefinieerd vast. Zorg ervoor dat
er weinig items zijn waaronder men geen
overeenstemming meer wil.

2. Onderhandelen geeft een erosie van het
verwachtingsniveau. Onderhandelt u namens
uw achterban of iemand anders, informeer
deze tijdig en kijk hoe men reageert op de
bereikte concepten, overeenkomsten. Doe
geen ongeoorloofde concessies waarmee u
later niet kunt leven.

3. Eén onderhandelaar geeft eerder toe dan

een groep. Laat iemand bij voorkeur niet alleen onderhandelen.

4. Het aspiratieniveau daalt bij het afbreken van de onderhandelingen. Het team kan het spoor bijster raken, of zich geïsoleerd voelen. Neem een adempauze. Bij moeilijke onderhandelingen kunt u de spanning tot juiste proporties terugbrengen door:

- Humor

- Het veranderen van onderwerp

- Schorsing

- Door het introduceren van formele conflictverminderende procedures

- Leg altijd de nadruk op mogelijkheden om er uit te komen. Blijf praten in termen van meningen in plaats van standpunten. Zoek naar gemeenschappelijke belangen die achter uw beider standpunten liggen.

5. Begin geen onderhandelingen door een concessie te geven om de sfeer op te vrolijken. Het aspiratieniveau van de andere partij gaat stijgen. Een vasthoudende partij kan best eens met een mislukking geconfronteerd worden. Mogelijk

procedureel zodat de aspiraties verzwakt
worden.

6. Een kleine mislukking mist uitwerking.
Men kan dat goed verwerken. Een reeks
mislukkingen verandert de zaak. Een goed
voorbeeld is een onderhandelaar laten
uitleggen waarom hij een concessie doet.
Het geveinsde onbegrip dwingt de
onderhandelaar zijn concessie steeds uit te
leggen waardoor zijn argumentatie wordt
uitgehold. De concessie die hij meende te
verlenen keert zich tegen hem.

Aantekeningen

_____

_____

_____

_____

_____

_____

_____

_____

_____

_____

_____

_____

_____

_____

_____

Aantekeningen

_____

_____

_____

_____

_____

_____

_____

_____

_____

_____

_____

_____

_____

_____

_____

Aantekeningen

_____

_____

_____

_____

_____

_____

_____

_____

_____

_____

_____

_____

_____

_____

Aantekeningen

_____

_____

_____

_____

_____

_____

_____

_____

_____

_____

_____

_____

_____

_____

Hoofdstuk 2

Stappenplan onderhandeling

VOORBEELD ONDERHANDELING

1. WEES REALISTISCH

Voet bij stuk houden of dwars gaan liggen heeft geen zin. Als u niet bereid bent om compromissen te sluiten beweegt u geen millimeter. Het onderhandelen is een proces van geven en nemen. U moet duidelijk weten wat uw inzet is en het minste waar u genoegen mee neemt. Dit laatste mag u natuurlijk niet verklappen. Welke concessies moet ik doen om de diverse punten die ik gerealiseerd wil binnen te halen. Geeft niet zomaar een concessie weg. Al kost een concessie u niets, het kan voor de ander belangrijk zijn. Deze kunt u gebruiken om de voor u belangrijke punten binnen te halen. Denk na over de concessie die u weggeeft.

2. HEB GELOOF IN UZELF

Gelijk hebben is niet het juiste uitgangspunt in de onderhandelingen. Gebrek aan zelfvertrouwen is ook een dooddoener in onderhandelingen. Het moet voor u een goede zaak zijn en u moet het ook kunnen beargumenteren. Optimisten gaan ervan uit dat alles mee zit. Zij maximaliseren alle mogelijke gunstige ontwikkelingen. Maar zo gaat het in de praktijk niet. Dingen vallen tegen, niet alles lukt meteen. Doe ook onderzoek naar alternatieven.

3. U MOET WETEN WAAR U MEE BEZIG BENT

Definieer het probleem, de kwestie zo duidelijk als mogelijk. Als u het probleem niet kunt definiëren, weet u ook niet wat het probleem is. Een probleem nauwkeurig gedefinieerd en op papier gezet is al voor 50% opgelost. Zoals een nauwkeurige diagnose de helft van de genezing is. Soms onderhandelt u al zonder dat u het weet. Denk na over welk gesprek u ingaat en wat het doel is. Geef geen concessie weg zonder er iets voor terug te krijgen, al is het in uw eigen optiek iets onbenulligs.

4. BESCHIK OVER MACHTSINSTRUMENTEN EN ALS U DIE NIET HEEFT BOUW HET OP

Met alleen argumenten heeft u weinig in

handen, u bereikt er wenig mee. Voordat u gaat onderhandelen moet u bewust een inschatting van uw machtspositie maken. Het krachtenveld waarin u gaat opereren moet helder en duidelijk zijn. Zorg dat u weet wat de machtspositie van de ander is. Machtsmiddelen worden langzaam opgebouwd. Publiciteit,opties,deskundigheid juridische procedures, demonstraties, stakingen en ludieke acties, etcetera, zijn machtsmiddelen. Het kunnen smeden van bondgenootschappen en het uitspelen van tegenstanders zijn ook machtsmiddelen. Bij onderhandelingen hoort ook de nodige energie steken om de machtsposities in te schatten. Als u niet bereid bent om machtsmiddelen in te zetten, kunt u onderhandelen beter aan een ander overlaten.

Hieronder vindt u drie overwegingen:

- Mijn macht is groot en de uwe klein als ik geloof dat u mij meer nodig hebt dan ik u; en u bent het daarmee eens.

- Geloven we allebei dat de ander ons meer nodig heeft dan wij de ander, dan is er sprake van een machtsevenwicht.

- Ook is er sprake van een machtsevenwicht als we beiden geloven dat de ander mij meer nodig heeft dan ik hem.

Macht wordt voor een deel bepaald door perceptie.

5. ZET EEN STRATEGIE UIT

Maak een stappenplan. Verschiet niet al uw kruit meteen, zet niet het krachtigste of zwaarste middel direct in. Wat doet u eerst en wat daarna. Organiseer de lijst in een plan van volgorde en prioriteit. Denk na wat u eerst moet doen en wat later. Wat moet u doen na iets en wat daarna. In deze is het relevant om de urgentie van iets te bepalen. Omdat het soms lastig is om de urgentie van een taak te bepalen geef ik u een methode die ik zelf hanteer en die voor mij altijd goed werkt: "Wat zijn de gevolgen als ik deze taak niet doe?" Een voorbeeld is: "Wat zijn de gevolgen als ik maandelijks mijn huishuur niet betaal?" Iets verder gaat de gedachte: "Wat moet ik zeker af hebben, goed geregeld hebben, als ik een maand de stad uit ben?"

6. STA OPEN VOOR DE ANDER. COMMUNICEER EN WEES TACTVOL

Luister actief en reageer adequaat. De 4 basis reacties die u op een vraag/voorstel kunt geven zijn:

- ja

- nee

- een tegenvoorstel -vraag of -bod

- tijd nemen om over het gevraagde na te denken.

Zeg: "Kan ik u daar morgen of over een paar uur antwoord op geven?"

Let goed op wat de andere partij wil. Mogelijk laat hij proefballonnetjes op. Pak die op en zet het om in een voordeel. Waar is men bereid om water bij de wijn te doen? Onverwachte kansen. U moet ook in staat zijn om een kans die u staat aan te grijnzen te pakken als de ander tegen u zegt: "Ik vermoed dat ik wat hulp kan gebruiken met...." of: "Ik vraag me af of....." Het zijn dringende verzoeken om medewerking. Luister ernaar! Speelt u er goed op in dan kunt u op wederkerigheid rekenen. De toekomst zal u toelachen. Wees nuchter en hou de persoonlijke relatie te allen tijde goed.

Wat doen we uit eigen beweging?

Wat doen we als reactie op wat de ander zegt of doet?

U moet voortdurend op de stoel van de andere partij gaan zitten. Blijf de vraag stellen. "Wat wil deze spreker van ons."

Het beste is niet meteen tot zaken proberen te komen. Na het handen schudden een op de persoon gerichte benadering schept een positieve sfeer.

7. BETREK UW ACHTERBAN OF OPDRACHTGEVER ALTIJD BIJ DE ONDERHANDELINGEN

Verras uw achterban, etcetera, nooit met het resultaat. Die moet u deelgenoot maken van uw afwegingen. U moet de nodige ruimte hebben om tot zaken met de andere partij te komen. Deze mag niet te eng en ook niet te ruim zijn. Zonder adequate onderhandelingsruimte van de achterban kunt u niet goed bepalen waar u wel en niet mee accoord moet gaan. (Dit geld ook als u voor uzelf onderhandelt). Spreek de zogenaamde ijk-momenten af nl. wanneer en hoe u tussentijds informatie naar de achterban terugkoppelt.

8. MAAK HELDERE EN DUIDELIJKE AFSPRAKEN

Zo voorkomt u dat gemaakte afspraken verschillend worden uitgelegd. Heldere en duidelijke afspraken op schrift voorkomen dat er fricties uit hoofde van interpretatie verschillen ontstaan. Als die zich voordoen kunt u rustig naar de schriftelijke overeenkomst verwijzen; hoe controleert u dat de afspraken ook worden nageleefd?

9. NEEM NIET DE VERKEERDE VERANTWOORDELIJKHEID

U dient er voor te waken dat u niet begint mee te denken in de scenario's van de andere partij. Uw heeft tenslotte uw eigen vastgestelde belangen en percepties waarmee u de onderhandelingen bent ingegaan. Houd u u daaraan vast. Als u de andere partij een keer teleur moet stellen dan zij het zo. Er komen genoeg momenten om elkaar weer te vinden. Want u heeft allebei belangen.

Vergeet niet: liever geen overeenkomst dan een slecht resultaat.

Aantekeningen

_____

_____

_____

_____

_____

_____

_____

_____

_____

_____

_____

_____

_____

_____

_____

Aantekeningen

_____

_____

_____

_____

_____

_____

_____

_____

_____

_____

_____

_____

_____

_____

Aantekeningen

_____

_____

_____

_____

_____

_____

_____

_____

_____

_____

_____

_____

_____

_____

Aantekeningen

_____

_____

_____

_____

_____

_____

_____

_____

_____

_____

_____

_____

_____

_____

Hoofdstuk 3

Denken en beslissen

Denken en beslissen

Snel denken en beslissen en Langzaam denken en beslissen. (1)

1. Snel denken en beslissen

Deze methode hanteert u bij beslissingen waarvan de consequenties geen ingrijpende of lange-termijn-gevolgen voor u hebben. Snel denken doet u als u met uw voertuig rijdt. U neemt snelle beslissingen, reageert en speelt in op de veranderende omstandigheden. Het kopen van een kop koffie of een brood bij de bakker zijn ook voorbeelden van snel denken. Er wordt gehandeld volgens de "graag-of-niet-methode."

2. Langzaam denken en beslissen

Dit type denken hanteert u wanneer u betrokken raakt bij een situatie (of bij het nemen van een beslissing) die lange-termijn-consequenties voor u inhoudt. U overweegt grondig wat er aan de hand is voordat u antwoordt, op een andere manier reageert of een beslissing neemt.

Denk aan een investeringsbeslissing of in uw privé- sfeer de aankoop van een huis. Bij zulke voornemens stelt u de beslissing even uit. U gaat informatie vergaren, een adviseur of uw relaties benaderen om een gefundeerde beslissing te nemen. U gaat er een nachtje over slapen. Het aannemen van een personeelslid is ook zo'n voorbeeld. Veelal wordt iemand aangenomen die prettig in de omgang is, een leuke verschijning. Wat men wel eens over het hoofd ziet, zijn de kwaliteiten, de vaardigheden en de ervaring waar zo'n toekomstig lid van de organisatieook over zou moeten beschikken. Heeft kandidaat alle drie, dan heeft men de perfecte match. Als er geen beslissing genomen hoeft te worden, beslis dan geen beslissing te nemen.

Het omschakelen van snel denken naar langzaam denken bereikt u het best door:

a. Het stellen van vragen. Het stellen van vragen dwingt u om langzaam te denken, hierdoor gaat u beter denken.

b. Het opschrijven van uw gedachten en bevindingen. Door zaken op te schrijven, zeker als u feiten of details over een situatie aan het verzamelen bent, wordt u gedwongen om langzaam te denken.

Formuleer een struikeldraad bij het nemen van beslissingen. Een voorbeeld is een beslissing een week uitstellen.

Aantekeningen

_____

_____

_____

_____

_____

_____

_____

_____

_____

_____

_____

_____

_____

_____

_____

Aantekeningen

_____

_____

_____

_____

_____

_____

_____

_____

_____

_____

_____

_____

_____

_____

_____

Aantekeningen

_____

_____

_____

_____

_____

_____

_____

_____

_____

_____

_____

_____

_____

_____

Aantekeningen

_____

_____

_____

_____

_____

_____

_____

_____

_____

_____

_____

_____

_____

_____

_____

_____

In deze uitgave reik ik u ideeën en inzichten aan die u (mogelijk) al weet. Het is toe te passen op zowel micro-, meso-, als macro-niveau. U kunt het toepassen in uw denken rond uw zakelijk leven, uw privéleven, uw financiële omstandigheden, uw gezondheid, etcetera. Immers, u bent verantwoordelijk voor het bepalen van de kaders in uw leven. Slaagt u hier niet in, dan bent overgeleverd aan de beslissingen en besluiten van anderen. Die beslissen dan hoe u verder moet.

Dat wilt u toch niet?

1.http://www.blikopdewereld.nl/recensies/3
933-recensie-ons-feilbare-denken-daniel-
kahnemanTitel: Ons feilbare denken 2011
Auteur: Daniel Kahneman